Romancero gitano
Oda a Salvador Dalí
Poeta en Nueva York

Romancero gitano
Oda a Salvador Dalí
Poeta en Nueva York

F. García Lorca

editores mexicanos unidos

© Editores Mexicanos Unidos, S.A.
Luis González Obregón 5-B
C.P. 06020. Tels. 5 21 88 70 al 74
Miembro de la Cámara Nacional de la
Industria Editorial. Reg. núm 115.
La presentación y composición tipográficas
son propiedad de los editores.

ISBN 968—15—0337—6

6a. Edición Agosto 1992

Impreso en México
Printed in Mexico.

Romancero gitano

PROLOGO

La primera vez que Federico García Lorca vio a los gitanos, dijo que ellos estaban "acorralados en su pena hereditaria y tañendo tambores de bronce".

Vivían —explicó— en un mundo de ensueños, de extraño y contenido pesar. Pero también en un mundo tremendamente vital, de pasiones fuertes, embrujado por el paisaje fascinante del Albaicín granadino.

Lorca aprendió las más remotas claves de ese universo contradictorio, rico, intenso, y las reflejó con avasallante potencia en *Romancero Gitano*, uno de los libros más importantes y hermosos jamás escrito.

Toda la tremenda sensibilidad de Lorca, todo su agudo talento, están en este libro. Y también están su exquisitez estilística, la pureza de su lenguaje sencillo y claro, su poderosa comunicatividad.

Pero *Romancero Gitano* no es sólo color, belleza, brillo. Es también esencia, contenido. La profundidad temática y el hondo enraizamiento en la realidad palpitante y cercana —constantes de la creación de Lorca – recorren cada uno de sus versos y otorgan al conjunto una excelencia impar.

Romancero Gitano es una de las más perfectas creaciones de un poeta que revolucionó la lírica española. Afiliado a las tendencias vanguardistas de su época, Lorca creó nuevas formas de decir, renovadas maneras de transmitir poéticamente los temas eternos del hombre.

Para eso rescató las vivencias cotidianas, abrevó en las fuentes mismas del arte popular tradicional y las exaltó hacia un lirismo casi mágico, pletórico de sugerencias, estructurado sobre un andamiaje literario incomparablemente bello.

Observador atento e inteligente, conocedor profundo de la fibra y el sentir de los hombres y las mujeres de su España, Lorca hizo a su modo, como al suyo lo hizo Miguel Hernández, un arte testimonial. *Romancero Gitano*, escrito cuando Lorca alcanzaba su plena madurez creativa, respira verdad por todos sus poros. El refinamiento estilístico —laboriosamente reflejado por un lenguaje espontáneo y fácil—, el destello de las imágenes perfectas, el ancho vuelo de la imaginación, son, apenas, instrumentos de los que se vale Lorca para transmitir esa verdad.

La fulguración misma de la vida subordina en *Romancero Gitano* la mera búsqueda estética. No hay devaneos formales, fuegos de artificio, belleza por la belleza misma. *Romancero Gitano* dramatiza poéticamente la forma de vivir, las penas, las alegrías y las esperanzas de hombres y mujeres de carne y hueso, sobre quienes Lorca tiene mucho que decir y lo dice.

Ese extremo define una línea creativa que desde sus comienzos buscó y logró encontrar su fuente en la aventura humana de la gente sencilla, a la que

Lorca cantó con ternura desbordante. Una ternura promovida por una actitud y una posición que él definió claramente en 1934, en una entrevista que concedió al diario madrileño *El Sol*:

"Yo siempre soy y seré partidario de los pobres —dijo—. En el mundo ya no luchan fuerzas humanas, sino telúricas. A mí me ponen en una balanza el resultado de esta lucha: aquí tu dolor y tu sacrificio, aquí la justicia para todos, aun con la angustia del tránsito hacia el futuro que ya se presiente pero que se desconoce, y descargo el puño con fuerza en este platillo."

Poemas del Cante Jondo, Poeta en Nueva York, Bodas de Sangre, Llanto por la muerte de Ignacio Sánchez Mejías, Yerma, son, entre otros, títulos donde Lorca manifestó, como en *Romancero Gitano*, esa actitud que como poeta lo transformó en un artista popular y que lo ubicó como hombre en la lucha contra el franquismo, que lo asesinó una madrugada triste, en su querida Granada.

Escrito entre 1924 y 1928, *Romancero Gitano* marcó decisivamente esa posición, consolidó las pautas fundamentales de la creación de Lorca y dio testimonio fehaciente de una inquietud que lo llevó a buscar en las aldeas y en los pueblos, en los campesinos y en la gente más humilde y sufrida, la savia que nutrió toda su obra.

Hay también en *Romancero Gitano* abrumadoras muestras de la capacidad de Lorca para describir con precisión y belleza:

"Un bello niño de junco
anchos hombros, fino talle
piel de nocturna manzana
boca triste y ojos grandes";
"Coches cerrados

llegaban a las orillas de juncos
donde las ondas alisan
romanos torsos desnudos";
"Una dura luz de naipe
recorta en el agrio verde
caballos enfurecidos
y perfiles de jinetes."

Y un maravilloso, sutil talento para sugerir:

"Mi soledad sin descanso
ojos chicos de mi cuerpo
y grandes de mi caballo
no se cierran por la noche
ni miran al otro lado."

Y brillante oficio para expresar en muy pocas palabras una realidad golpeante:

"En el portal de Belén
los gitanos se congregan
San José, lleno de heridas
amortaja a una doncella
tercos fusiles agudos
por toda la noche suenan
Oh, ciudad de los gitanos
la guardia civil se aleja
por un túnel de silencio
mientras las llamas te cercan."

Y acabada economía de recursos para contar poéticamente:

"El veinticinco de junio
abrió sus ojos Amargo

y el veinticinco de agosto
se tendió para cerrarlos."

En 1955 los más importantes críticos literarios de Italia colocaron a *Romancero Gitano* entre las veinte grandes obras literarias que la **humanidad** debería salvar si se registrara un nuevo diluvio universal.

Tal reconocimiento —que los críticos italianos extendieron a obras de autores como Pirandello, Joyce, Apollinaire, Elliot y Valéry— no fue el único ni el último acordado a este libro: *Romancero Gitano* es considerado unánimemente como una de las piezas literarias más importantes de todos los tiempos.

Lorca, quien a partir de la publicación de *Romancero Gitano* derivó hacia una poesía más universal pero siempre hondamente consustanciada con las cosas y la gente de su tierra, hizo el mejor elogio de este libro, que marcó el inicio de una corriente de renovación junto a la producción de autores como **Salinas, Aleixandre, Alberti, Larrea** y el propio Hernández: "Es —dijo— un conjunto de poemas sobre hombres y mujeres hechos de sangre ardorosa y de sueños fantásticos; hechos de barro y de cielo. Un libro sobre la vida."

ROMANCE DE LA LUNA, LUNA

A Conchita García Lorca

La luna vino a la fragua
con su polisón de nardos.
El niño la mira, mira.
El niño la está mirando.
En el aire conmovido
mueve la luna sus brazos
y enseña, lúbrica y pura,
sus senos de duro estaño.
—Huye luna, luna, luna.
Si vinieran los gitanos,
harían con tu corazón
collares y anillos blancos.
—Niño, déjame que baile.
Cuando vengan los gitanos,
te encontrarán sobre el yunque
con los ojillos cerrados.
—Huye luna, luna, luna,
que ya siento sus caballos.
—Niño, déjame, no pises
mi blancor almidonado.

El jinete se acercaba
tocando el tambor del llano.
Dentro de la fragua el niño
tiene los ojos cerrados.

Por el olivar venían,
bronce y sueño, los gitanos.

Las cabezas levantadas
y los ojos entornados.

Cómo canta la zumaya,
¡ay, cómo canta en el árbol!
Por el cielo va la luna
con un niño de la mano.

Dentro de la fragua lloran,
dando gritos, los gitanos.
El aire la vela, vela.
El aire la está velando.

PRECIOSA Y EL AIRE
   A Dámaso Alonso

Su luna de pergamino
Preciosa tocando viene
por un anfibio sendero
de cristales y laureles.
El silencio sin estrellas,
huyendo del sonsonete,
cae donde el mar bate y canta
su noche llena de peces.
En los picos de la sierra
los carabineros duermen
guardando las blancas torres
donde viven los ingleses.
Y los gitanos del agua
levantan por distraerse
glorietas de caracolas
y ramas de pino verde.

O

Su luna de pergamino
Preciosa tocando viene.
Al verla se ha levantado
el viento que nunca duerme.
San Cristobalón desnudo,
lleno de lenguas celestes,
mira a la niña tocando
una dulce gaita ausente.
—Niña, deja que levante
tu vestido para verte.
Abre en mis dedos antiguos
la rosa azul de tu vientre.

O

Preciosa tira el pandero
y corre sin detenerse.
El viento-hombrón la persigue
con una espada caliente.

Frunce su rumor el mar.
Los olivos palidecen.
Cantan las flautas de umbría
y el liso gong de la nieve.

¡Preciosa, corre, Preciosa,
que te coge el viento verde!
¡Preciosa, corre, Preciosa!
¡Míralo por dónde viene!
Sátiro de estrellas bajas
con sus lenguas relucientes.

Preciosa, llena de miedo,
entra en la casa que tiene,
más arriba de los pinos,

el cónsul de los ingleses.

Asustados por los gritos
tres carabineros vienen,
sus negras capas ceñidas
y los gorros en las sienes.

El inglés da a la gitana
un vaso de tibia leche,
y una copa de ginebra
que Preciosa no se bebe.

Y mientras cuenta, llorando,
su aventura a aquella gente,
en las tejas de pizarra
el viento, furioso, muerde.

REYERTA

A Rafael Méndez

En la mitad del barranco
las navajas de Albacete,
bellas de sangre contraria,
relucen como los peces.
Una dura luz de naipe
recorta en el agrio verde
caballos enfurecidos
y perfiles de jinetes.
En la copa de un olivo
lloran dos viejas mujeres.
El toro de la reyerta
se sube por las paredes.
Angeles negros traían
pañuelos y agua de nieve.

Angeles con grandes alas
de navajas de Albacete.
Juan Antonio el de Montilla
rueda muerto la pendiente,
su cuerpo lleno de lirios
y una granada en las sienes.
Ahora monta cruz de fuego,
carretera de la muerte.

El juez, con guardia civil,
por los olivares viene.
Sangre resbalada gime
muda canción de serpiente.
—Señores guardias civiles:
aquí pasó lo de siempre.
Han muerto cuatro romanos
y cinco cartagineses.

O

La tarde loca de higueras
y de rumores calientes
cae desmayada en los muslos
heridos de los jinetes.
Y ángeles negros volaban
por el aire del poniente.
Angeles de largas trenzas
y corazones de aceite.

ROMANCE SONAMBULO

A Gloria Giner y a Fernando de los Ríos.

Verde que te quiero verde.
Verde viento. Verdes ramas.
El barco sobre la mar

y el caballo en la montaña.
Con la sombra en la cintura
ella sueña en su baranda,
verde carne, pelo verde,
con ojos de fría plata.
Verde que te quiero verde.
Bajo la luna gitana,
las cosas la están mirando
y ella no puede mirarlas.

O

Verde que te quiero verde.
Grandes estrellas de escarcha
vienen con el pez de sombra
que abre el camino del alba.

La higuera frota su viento
con la lija de sus ramas,
y el monte, gato garduño,
eriza sus pitas agrias.
Pero ¿quién vendrá? ¿Y por dónde...?
Ella sigue en su baranda,
verde carne, pelo verde,
soñando en la mar amarga.
—Compadre, quiero cambiar
mi caballo por su casa,
mi montura por su espejo,
mi cuchillo, por su manta.
Compadre, vengo sangrando,
desde los puertos de Cabra.
—Si yo pudiera, mocito,
ese trato se cerraba.
Pero yo ya no soy yo,
ni mi casa es ya mi casa.
—Compadre, quiero morir
decentemente en mi cama.

De acero, si puede ser,
con las sábanas de holanda.
¿No ves la herida que tengo
desde el pecho a la garganta?
—Trescientas rosas morenas
lleva tu pechera blanca.
Tu sangre rezuma y huele
alrededor de tu faja.
Pero yo ya no soy yo,
ni mi casa es ya mi casa.
—Dejadme subir al menos
hasta las altas barandas;
¡dejadme subir!, dejadme,
hasta las verdes barandas.
Barandales de la luna
por donde retumba el agua.

O

Ya suben los dos compadres
hacia las altas barandas.
Dejando un rastro de sangre.
Dejando un rastro de lágrimas.
Temblaban en los tejados
farolillos de hojalata.
Mil panderos de cristal
herían la madrugada.

O

Verde que te quiero verde,
verde viento, verdes ramas.
Los dos compadres subieron.
El largo viento dejaba
en la boca un raro gusto
de hiel, de menta y de albahaca.

¡Compadre! ¿Dónde está, dime,
dónde está tu niña amarga?
¡Cuántas veces te esperó!
¡Cuántas veces te esperara,
cara fresca, negro pelo,
en esta verde baranda!

   Sobre el rostro del aljibe
se mecía la gitana.
Verde carne, pelo verde,
con ojos de fría plata.
Un carámbano de luna
la sostiene sobre el agua.
La noche se puso íntima
como una pequeña plaza.
Guardias civiles borrachos
en la puerta golpeaban.
Verde que te quiero verde.
Verde viento. Verdes ramas.
El barco sobre la mar.
Y el caballo en la montaña.

LA MONJA GITANA

A José Moreno Villa

   Silencio de cal y mirto.
Malvas en las hierbas finas.
La monja borda alhelíes
sobre una tela pajiza.
Vuelan en la araña gris
siete pájaros del prisma.
La iglesia gruñe a lo lejos
como un oso panza arriba.
¡Qué bien borda! ¡Con qué gracia!

Sobre la tela pajiza
ella quisiera bordar
flores de su fantasía.
¡Qué girasol! ¡Qué magnolia
de lentejuelas y cintas!
¡Qué azafranes y qué lunas,
en el mantel de la misa!
Cinco toronjas se endulzan
en la cercana cocina.
Las cinco llagas de Cristo
cortadas en Almería.
Por los ojos de la monja
galopan dos caballistas.
Un rumor último y sordo
le despega la camisa,
y, al mirar nubes y montes
en las yertas lejanías,
se quiebra su corazón
de azúcar y yerbaluisa.
¡Oh, qué llanura empinada
con veinte soles arriba!
¡Qué ríos puestos de pie
vislumbra su fantasía!
Pero sigue con sus flores,
mientras que de pie, en la brisa,
la luz juega el ajedrez
alto de la celosía.

LA CASADA INFIEL

A Lydia Cabrera y a su negrita.

Y que yo me la llevé al río
creyendo que era mozuela,

pero tenía marido.
Fue la noche de Santiago
y casi por compromiso.
Se apagaron los faroles
y se encendieron los grillos.
En las últimas esquinas
toqué sus pechos dormidos,
y se me abrieron de pronto
como ramos de jacintos.
El almidón de su enagua
me sonaba en el oído
como una pieza de seda
rasgada por diez cuchillos.
Sin luz de plata en sus copas
los árboles han crecido,
y un horizonte de perros
ladra muy lejos del río.

   Pasadas las zarzamoras,
los juncos y los espinos,
bajo su mata de pelo
hice un hoyo sobre el limo.
Yo me quité la corbata.
Ella se quitó el vestido.
Yo, el cinturón con revólver.
Ella, sus cuatro corpiños.
Ni nardos ni caracolas
tienen el cutis tan fino,
ni los cristales con luna
relumbran con ese brillo.
Sus muslos se me escapaban
como peces sorprendidos,
la mitad llenos de lumbre,
la mitad llenos de frío.

Aquella noche corrí
el mejor de los caminos,
montado en potra de nácar
sin bridas y sin estribos.
No quiero decir, por hombre,
las cosas que ella me dijo
La luz del entendimiento
me hace ser muy comedido.
Sucia de besos y arena,
yo me la llevé del río.
Con el aire se batían
las espadas de los lirios.

  Me porté como quien soy.
Como un gitano legítimo.
Le regalé un costurero
grande, de raso pajizo,
y no quise enamorarme
porque teniendo marido
me dijo que era mozuela
cuando la llevaba al río.

ROMANCE DE LA PENA NEGRA

    A José Navarro Pardo

  Las piquetas de los gallos
cavan buscando la aurora,
cuando por el monte oscuro
baja Soledad Montoya.
Cobre amarillo, su carne
huele a caballo y a sombra.
Yunques ahumados sus pechos,
gimen canciones redondas.
—Soledad, ¿por quién preguntas

sin compaña y a estas horas?
—Pregunte por quien pregunte,
dime: ¿a ti qué se te importa?
Vengo a buscar lo que busco,
mi alegría y mi persona.
—Soledad de mis pesares,
caballo que se desboca
al fin encuentra la mar
y se lo tragan las olas.
—No me recuerdes el mar
que la pena negra brota
en las tierras de aceituna
bajo el rumor de las hojas.
—¡Soledad, qué pena tienes!
¡Qué pena tan lastimosa!
Lloras zumo de limón
agrio de espera y de boca.
—¡Qué pena tan grande! Corro
mi casa como una loca,
mis dos trenzas por el suelo,
de la cocina a la alcoba.
¡Qué pena! Me estoy poniendo
de azabache carne y ropa.
¡Ay, mis camisas de hilo!
¡Ay, mis muslos de amapola!
—Soledad, lava tu cuerpo
con agua de las alondras,
y deja tu corazón
en paz, Soledad Montoya.

O

Por abajo canta el río:
volante de cielo y hojas.

Con flores de calabaza
la nueva luz se corona.
¡Oh pena de los gitanos!
Pena limpia y siempre sola.
¡Oh pena de cauce oculto
y madrugada remota!

SAN MIGUEL
(Granada)

A Diego Buigas de Dalmáu

Se ven desde las barandas,
por el monte, monte, monte,
mulos y sombras de mulos
cargados de girasoles.

Sus ojos en las umbrías
se empañan de inmensa noche.
En los recodos del aire
cruje la aurora salobre.

Un cielo de mulos blancos
cierra sus ojos de azogue
dando a la quieta penumbra
un final de corazones.

Y el agua se pone fría
para que nadie la toque.
Agua loca y descubierta
por el monte, monte, monte.

San Miguel, lleno de encajes
en la alcoba de su torre,
enseña sus bellos muslos
ceñidos por los faroles.

25

Arcángel domesticado
en el gesto de las doce,
finge una cólera dulce
de plumas y ruiseñores.
San Miguel canta en los vidrios,
efebo de tres mil noches,
fragante de agua colonia
y lejano de las flores.

O

El mar baila por la playa
un poema de balcones.
Las orillas de la luna
pierden juncos, ganan voces.
Vienen manolas comiendo
semillas de girasoles,
los culos grandes y ocultos
como planetas de cobre.
Vienen altos caballeros
y damas de triste porte,
morenas por la nostalgia
de un ayer de ruiseñores
Y el obispo de Manila,
ciego de azafrán y pobre,
dice misa con dos filos
para mujeres y hombres.

San Miguel se estaba quieto
en la alcoba de su torre,
con las enaguas cuajadas
de espejitos y entredoses.

San Miguel, rey de los globos
y de los números nones,

en el primor berberisco
de gritos y miradores.

SAN RAFAEL
(*Córdoba*)

A Juan Izquierdo Croselles

I

Coches cerrados llegaban
a las orillas de juncos
donde las ondas alisan
romano torso desnudo.
Coches que el Guadalquivir
tiende en su cristal maduro,
entre láminas de flores
y resonancias de nublos.
Los niños tejen y cantan
el desengaño del mundo,
cerca de los viejos coches
perdidos en el nocturno.
Pero Córdoba no tiembla
bajo el misterio confuso,
pues si la sombra levanta
la arquitectura del humo,
un pie de mármol afirma
su casto fulgor enjuto.
Pétalos de lata débil
recaman los grises puros
de la brisa, desplegada
sobre los arcos de triunfo.
Y mientras el puente sopla
diez rumores de Neptuno,

vendedores de tabaco
huyen por el roto muro.

II

Un solo pez en el agua
que a las dos Córdobas junta.
Blanda Córdoba de juncos.
Córdoba de arquitectura.
Niños de cara impasible
en la orilla se desnudan,
aprendices de Tobías
y Merlines de cintura,
para fastidiar al pez
en irónica pregunta
si quiere flores de vino
o saltos de media luna.
Pero el pez, que dora el agua
y los mármoles enluta,
les da lección y equilibrio
de solitaria columna.
El Arcángel aljamiado
de lentejuelas oscuras,
en el mitin de las ondas
buscaba rumor y cuna.

Un solo pez en el agua.
Dos Córdobas de hermosura.
Córdoba quebrada en chorros.
Celeste Córdoba enjuta.

SAN GABRIEL
(*Sevilla*)

A don Agustín Viñuales

I

Un bello niño de junco,
anchos hombros, fino talle,
piel de nocturna manzana,
boca triste y ojos grandes,
nervio de plata caliente,
ronda la desierta calle.

Sus zapatos de charol
rompen las dalias del aire
con los dos ritmos que cantan
breves lutos celestiales.

En la ribera del mar
no hay palma que se le iguale,
ni emperador coronado,
ni lucero caminante.

Cuando la cabeza inclina
sobre su pecho de jaspe,
la noche busca llanuras
porque quiere arrodillarse.

Las guitarras suenan solas
para San Gabriel Arcángel,
domador de palomillas
y enemigo de los sauces.
—San Gabriel: El niño llora
en el vientre de su madre.
No olvides que los gitanos
te regalaron el traje.

II

Anunciación de los Reyes,
bien lunada y mal vestida,
abre la puerta al lucero
que por la calle venía.
El Arcángel San Gabriel,
entre azucena y sonrisa,
bisnieto de la Giralda,
se acercaba de visita.
En su chaleco bordado
grillos ocultos palpitan.
Las estrellas de la noche
se volvieron campanillas.
—San Gabriel: Aquí me tienes
con tres clavos de alegría.
Tu fulgor abre jazmines
sobre mi cara encendida.
—Dios te salve, Anunciación.
Morena de maravilla.
Tendrás un niño más bello
que los tallos de la brisa.
—¡Ay, San Gabriel de mis ojos!
¡Gabrielillo de mi vida!
Para sentarte yo sueño
un sillón de clavellinas.
—Dios te salve, Anunciación,
bien lunada y mal vestida.
Tu niño tendrá en el pecho
un lunar y tres heridas.
—¡Ay, San Gabriel que reluces!
¡Gabrielillo de mi vida!
En el fondo de mis pechos
ya nace la leche tibia.

—Dios te salve, Anunciación.
Madre de cien dinastías.
Aridos lucen tus ojos,
paisajes de caballista.

o

El niño canta en el seno
de Anunciación sorprendida.
Tres balas de almendra verde
tiemblan en su vocecita.

Ya San Gabriel en el aire
por una escala subía.
Las estrellas de la noche
se volvieron siemprevivas.

PRENDIMIENTO DE ANTOÑITO EL CAMBORIO EN EL CAMINO A SEVILLA

A Margarita Xirgo

Antonio Torres Heredia,
hijo y nieto de Camborios,
con una vara de mimbre
va a Sevilla a ver los toros.
Moreno de verde luna
anda despacio y garboso.
Sus empavonados bucles
le brillan entre los ojos.
A la mitad del camino
cortó limones redondos,
y los fue tirando al agua
hasta que la puso de oro.

Y a la mitad del camino,
bajo las ramas de un olmo,
guardia civil caminera
lo llevó codo con codo.

El día se va despacio,
la tarde colgada a un hombro,
dando una larga torera
sobre el mar y los arroyos.
Las aceitunas aguardan
la noche de Capricornio,
y una corta brisa, ecuestre,
salta los montes de plomo.
Antonio Torres Heredia,
hijo y nieto de Camborios,
viene sin vara de mimbre
entre los cinco tricornios.
—Antonio, ¿quién eres tú?
Si te llamaras Camborio,
hubieras hecho una fuente
de sangre con cinco chorros.
Ni tú eres hijo de nadie,
ni legítimo Camborio.
¡Se acabaron los gitanos
que iban por el monte solos!
Están los viejos cuchillos
tiritando bajo el polvo.

A las nueve de la noche
lo llevan al calabozo,
mientras los guardias civiles
beben limonada todos.
Y a las nueve de la noche
le cierran el calabozo,
mientras el cielo reluce
como la grupa de un potro.

MUERTE DE ANTOÑITO EL CAMBORIO

A José Antonio Rubio S.

Voces de muerte sonaron
cerca del Guadalquivir.
Voces antiguas que cercan
voz de clavel varonil.
Les clavó sobre las botas
mordiscos de jabalí.

En la lucha daba saltos
jabonados de delfín.
Bañó con sangre enemiga
su corbata carmesí,
pero eran cuatro puñales
y tuvo que sucumbir.

Cuando las estrellas clavan
rejones al agua gris,
cuando los erales sueñan
verónicas de alhelí,
voces de muerte sonaron
cerca del Guadalquivir.

—Antonio Torres Heredia.
Camborio de dura crin,
moreno de verde luna,
voz de clavel varonil:

¿Quién te ha quitado la vida
cerca del Guadalquivir?
—Mis cuatro primos Heredias
Hijos de Benamejí.

Lo que en otros no envidiaban,
ya lo envidiaban en mí.

Zapatos color corinto,
medallones de marfil,
y este cutis amasado
con aceituna y jazmín.

   —¡Ay, Antoñito el Camborio,
digno de una Emperatriz!
Acuérdate de la Virgen
porque te vas a morir.

—¡Ay, Federico García,
llama a la Guardia Civil!
Ya mi talle se ha quebrado
como caña de maíz.
   Tres golpes de sangre tuvo
y se murió de perfil.
Viva moneda que nunca
se volverá a repetir.

Un ángel marchoso pone
su cabeza en un cojín.

Otros de rubor cansado
encendieron un candil.

Y cuando los cuatro primos
llegan a Benamejí,
voces de muerte cesaron
cerca del Guadalquivir.

35

MUERTO DE AMOR

A Margarita Manso

—¿Qué es aquello que reluce
por los altos corredores?
—Cierra la puerta, hijo mío;
acaban de dar las once.

—En mis ojos, sin querer,
relumbran cuatro faroles.
—Será que la gente aquella
estará fregando el cobre.

o

Ajo de agónica plata
la luna menguante, pone
cabelleras amarillas
a las amarillas torres.

La noche llama temblando
al cristal de los balcones,
perseguida por los mil
perros que no la conocen,
y un olor de vino y ámbar
viene de los corredores.

Brisas de caña mojada
y rumor de viejas voces
resonaban por el arco
roto de la medianoche
Bueyes y rosas dormían.
Sólo por los corredores

las cuatro luces clamaban
con el furor de San Jorge.
Tristes mujeres del valle
bajaban su sangre de hombre,
tranquila de flor cortada
y amarga de muslo joven.
Viejas mujeres del río
lloraban al pie del monte
un minuto intransitable
de cabelleras y nombres.
Fachadas de cal ponían
cuadrada y blanca la noche.
Serafines y gitanos
tocaban acordeones.
—Madre, cuando yo me muera,
que se enteren los señores.
Pon telegramas azules
que vayan del Sur al Norte.
 Siete gritos, siete sangres,
siete adormideras dobles
quebraron opacas lunas
en los oscuros salones.
Lleno de manos cortadas
y coronitas de flores,
el mar de los juramentos
resonaba no sé dónde.
Y el cielo daba portazos
al brusco rumor del bosque,
mientras clamaban las luces
en los altos corredores.

ROMANCE DEL EMPLAZADO

Para Emilio Aladrén

¡Mi soledad sin descanso!
Ojos chicos de mi cuerpo
y grandes de mi caballo
no se cierran por la noche
ni miran al otro lado,
donde se aleja tranquilo
un sueño de trece barcos.
Sino que, limpios y duros
escuderos desvelados,
mis ojos miran un norte
de metales y peñascos,
donde mi cuerpo sin venas
consulta naipes helados.

o

Los densos bueyes del agua
que se bañan en las lunas
embisten a los muchachos
de sus cuernos ondulados.
Y los martillos cantaban
sobre los yunques sonámbulos
el insomnio del jinete
y el insomnio del caballo.

El veinticinco de junio
le dijeron a el Amargo:
—Ya puedes cortar, si gustas,
las adelfas de tu patio.
Pinta una cruz en la puerta
y pon tu nombre debajo,

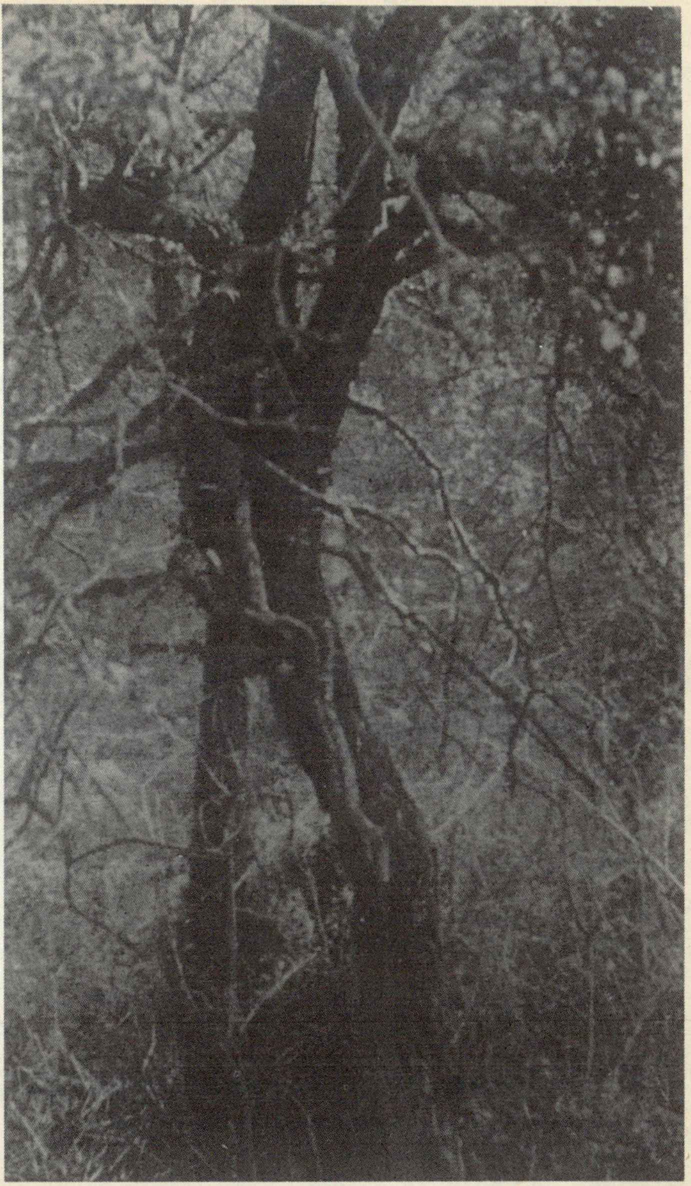

porque cicutas y ortigas
nacerán en tu costado,
y agujas de cal mojada
te morderán los zapatos.
Será de noche, en lo oscuro,
por los montes imantados,
donde los bueyes del agua
beben los juncos soñando.
Pide luces y campanas.
Aprende a cruzar las manos
y gusta los aires fríos
de metales y peñascos.
Porque dentro de dos meses
yacerás amortajado.

Espadón de nebulosa
mueve en el aire Santiago.
Grave silencio, de espalda,
manaba el cielo combado.

o

El veinticinco de junio
abrió sus ojos Amargo,
y el veinticinco de agosto
se tendió para cerrarlos.
Hombres bajaban la calle
para ver al emplazado,
que fijaba sobre el muro
su soledad con descanso.
Y la sábana impecable,
de duro acento romano,
daba equilibrio a la muerte
con las rectas de sus paños.

ROMANCE DE LA GUARDIA CIVIL ESPAÑOLA

Los caballos negros son.
Las herraduras son negras.
Sobre las capas relucen
manchas de tinta y de cera.
Tienen, por eso no lloran,
de plomo las calaveras.
Con el alma de charol
vienen por la carretera.
Jorobados y nocturnos,
por donde animan ordenan
silencios de goma oscura
y miedos de fina arena.
Pasan, si quieren pasar,
y ocultan en la cabeza
una vaga astronomía
de pistolas inconcretas.
¡Oh ciudad de los gitanos!
En las esquinas, banderas.
La luna y la calabaza
con las guindas en conserva.
¡Oh ciudad de los gitanos!
Ciudad de dolor y almizcle,
con las torres de canela.
Cuando llegaba la noche,
noche que noche nochera,
los gitanos en sus fraguas
forjaban soles y flechas.
Un caballo malherido

llamaba a todas las puertas.
Gallos de vidrio cantaban
por Jeréz de la Frontera.
El viento vuelve desnudo
la esquina de la sorpresa,
en la noche platinoche,
noche que noche nochera.

O

La Virgen y San José
perdieron sus castañuelas,
y buscan a los gitanos
para ver si las encuentran.
La Virgen viene vestida
con un traje de alcaldesa,
de papel de chocolate
con los collares de almendras.
San José mueve los brazos
bajo una capa de seda.
Detrás va Pedro Domecq
con tres sultanes de Persia.
La media luna soñaba
un éxtasis de cigüeña.
Estandartes y faroles
invaden las azoteas.
Por los espejos sollozan
bailarinas sin caderas.
Agua y sombra, sombra y agua
por Jerez de la Frontera.

O

¡Oh ciudad de los gitanos!
En las esquinas, banderas.

Apaga tus verdes luces
que viene la benemérita

O

¡Oh ciudad de los gitanos!
¿Quién te vio y no te recuerda?
Dejadla lejos del mar,
sin peines para sus crenchas.
 Avanzan de dos en fondo
a la ciudad de la fiesta.
Un rumor de siemprevivas
invade las cartucheras.
Avanzan de dos en fondo.
Doble nocturno de tela.
El cielo se les antoja
una vitrina de espuelas.

O

La ciudad, libre de miedo,
multiplicaba sus puertas.
Cuarenta guardias civiles
entraron a saco por ellas.
Los relojes se pararon,
y el coñac de las botellas
se disfrazó de noviembre
para no infundir sospechas.
Un vuelo de gritos largos
se levantó en las veletas.
Los sables cortan las brisas
que los cascos atropellan.
Por las calles de penumbra
huyen las gitanas viejas
con los caballos dormidos

y las orzas de moneda.
Por las calles empinadas
suben las capas siniestras,
dejando detrás fugaces
remolinos de tijeras.

    En el portal de Belén
los gitanos se congregan.
San José, lleno de heridas,
amortaja a una doncella.
Tercos fusiles agudos
por toda la noche suenan.
La Virgen cura a los niños
con salivilla de estrella.
Pero la Guardia civil
avanza sembrando hogueras
donde joven y desnuda
la imaginación se quema.
Rosa la de los Camborios
gime sentada en su puerta
con sus dos pechos cortados
puestos en una bandeja.
Y otras muchachas corrían
perseguidas por sus trenzas;
en un aire donde estallan
rosas de pólvora negra.
Cuando todos los tejados
eran surcos en la tierra,
el alba meció sus hombros
en largo perfil de piedra.
          O
  ¡Oh, ciudad de los gitanos!
La Guardia Civil se aleja

por un túnel de silencio
mientras las llamas te cercan.

¡Oh, ciudad de los gitanos!
¿Quién te vio y no te recuerda?
Que te busquen en mi frente.
Juego de luna y arena.

TRES ROMANCES HISTORICOS
MARTIRIO DE SANTA OLALLA

A Rafael Martínez Nadal

I

Panorama de Mérida

Por la calle brinca y corre
caballo de larga cola,
mientras juegan o dormitan
viejos soldados de Roma.
Medio monte de Minervas
abre sus brazos sin hojas.
Agua en vilo redoraba
las aristas de las rocas.
Noche de torsos yacentes
y estrellas de nariz rota
aguarda grietas del alba
para derrumbarse toda.
De cuando en cuando sonaban
blasfemias de cresta roja.
Al gemir, la santa niña
quiebra el cristal de las copas.
La rueda afila cuchillos
y garfios de aguda comba.

45

Brama el toro de los yunques,
y Mérida se corona
de nardos casi despiertos
y tallos de zarzamora.

II

El Martirio

Flora desnuda se sube
por escalerillas de agua.
El Cónsul pide bandeja
para los senos de Olalla.
Un chorro de venas verdes
le brota de la garganta.
Su sexo tiembla enredado
como un pájaro en las zarzas.
Por el suelo, ya sin norma,
brincan sus manos cortadas
que aún pueden cruzarse en tenue
oración decapitada.
Por los rojos agujeros
donde sus pechos estaban
se ven cielos diminutos
y arroyos de leche blanca.
Mil arbolillos de sangre
le cubren toda la espalda
y oponen húmedos troncos
al bisturí de las llamas.
Centuriones amarillos
de carne gris, desvelada,
llegan al cielo sonando
sus armaduras de plata.
Y mientras vibra confusa
pasión de crines y espadas,

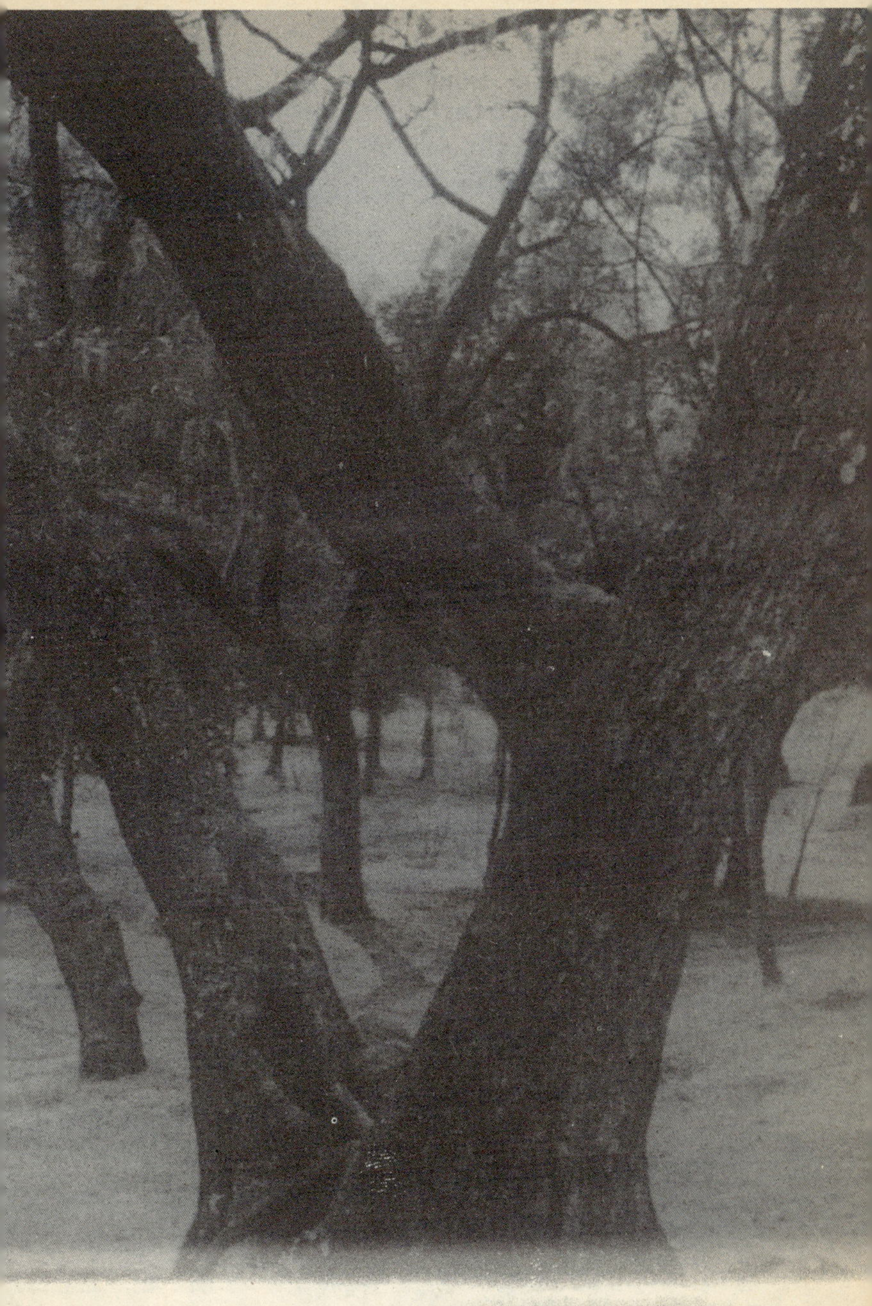

el Cónsul porta en bandeja
senos ahumados de Olalla.

III

Infierno y Gloria

Nieve ondulada reposa.
Olalla pende del árbol.
Su desnudo de carbón
tizna los aires helados.
Noche tirante reluce.
Olalla muerta en el árbol.
Tinteros de las ciudades
vuelcan la tinta despacio.
Negros maniquíes de sastre
cubren la nieve del campo
en largas filas que gimen
su silencio mutilado.
Nieve partida comienza
Olalla blanca en el árbol.
Escuadras de níquel juntan
los picos en su costado.

Una Custodia reluce
sobre los cielos quemados,
entre gargantas de arroyo
y ruiseñores en ramos.
¡Saltan vidrios de colores!
Olalla blanca en lo blanco.
Angeles y serafines
dicen: Santo, Santo, Santo.

BURLA DE DON PEDRO A CABALLO

ROMANCE CON LAGUNAS

A Jean Cassou

Por una vereda
venía don Pedro.
¡Ay cómo lloraba
el caballero!
Montado en un ágil
caballo sin freno,
venía en la busca
del pan y del beso.
Todas las ventanas
preguntan al viento
por el llanto oscuro
del caballero.

Primera Laguna

Bajo el agua
siguen las palabras.
Sobre el agua
una luna redonda
se baña,
dando envidia a la otra
¡tan alta!
En la orilla,
un niño
ve las lunas y dice:
—¡Noche, toca los platillos!

Sigue

A una ciudad lejana
ha llegado don Pedro.
Una ciudad de oro
entre un bosque de cedros.
¿Es Belén? Por el aire
yerbaluisa y romero.
Brillan las azoteas
y las nubes. Don Pedro
pasa por arcos rotos.
Dos mujeres y un viejo
con velones de plata
le salen al encuentro.
Los chopos dicen: No.
Y el ruiseñor: Veremos.

Segunda Laguna

Bajo el agua
siguen las palabras.
Sobre el peinado del agua
un círculo de pájaros y llamas.
Y por los cañaverales,
testigos que conocen lo que falta.
Sueño concreto y sin norte
de madera de guitarra.

Sigue

Por el camino llano
dos mujeres y un viejo
con velones de plata
van al cementerio.
Entre los azafranes
han encontrado muerto

el sombrío caballo
de don Pedro.
Voz secreta de tarde
balaba por el cielo.
Unicornio de ausencia
rompe en cristal su cuerno.
La gran ciudad lejana
está ardiendo,
y un hombre va llorando
tierras adentro.
Al Norte hay una estrella.
Al Sur un marinero.

Ultima Laguna

Bajo el agua
están las palabras.
Limo de voces perdidas.
Sobre la flor enfriada
está don Pedro olvidado,
¡ay!, jugando con las ranas.

THAMAR Y AMNON

Para Alfonso García - Valdecasas

La luna gira en el cielo
sobre las tierras sin agua
mientras el verano siembra
rumores de tigre y llama.
Por encima de los techos
nervios de metal sonaban.
Aire rizado venía

con los balidos de lana.
La tierra se ofrece llena
de heridas cicatrizadas,
o estremecida de agudos
cauterios de luces blancas.

Thamar estaba soñando
pájaros en su garganta,
al son de panderos fríos
y cítaras enlunadas.
Su desnudo en el alero,
agudo norte de palma,
pide copos a su vientre
y granizo a sus espaldas.
Thamar estaba cantando
desnuda por la terraza.
Alrededor de sus pies,
cinco palomas heladas.
Amnón delgado y concreto,
en la torre la miraba,
llenas las ingles de espuma
y oscilaciones la barba.
Su desnudo iluminado
se tendía en la terraza
con un rumor entre dientes
de flecha recién clavada.
Amnón estaba mirando
la luna redonda y baja,
y vio en la luna los pechos
durísimos de su hermana.

Amnón a las tres y media
se tendió sobre la cama.
Toda la alcoba sufría
con sus ojos llenos de alas.
La luz, maciza, sepulta

pueblos en la arena parda,
o descubre transitorio
coral de rosas y dalias.
Linfa de pozo oprimida
brota silencio en las jarras.
En el musgo de los troncos
la cobra tendida canta.
Amnón gime por la tela
fresquísima de la cama.
Yedra del escalofrío
cubre su carne quemada.
Thamar entró silenciosa
en la alcoba silenciada,
color de vena y Danubio,
turbia de huellas lejanas.
—Thamar, bórrame los ojos
con tu fija madrugada.
Mis hilos de sangre tejen
volantes sobre tu falda.
—Déjame tranquila, hermano.
Son tus besos en mi espalda
avispas y vientecillos
en doble enjambre de flautas.
—Thamar, en tus pechos altos
hay dos peces que me llaman
y en las yemas de tus dedos
rumor de rosa encerrada.

Los cien caballos del rey
en el patio relinchaban.
Sol en cubos resistía
la delgadez de la parra.
Ya la coge del cabello,
ya la camisa le rasga.
Corales tibios dibujan
arroyos en rubio mapa.

¡Oh, qué gritos se sentían
por encima de las casas!
Qué espesuras de puñales
y túnicas desgarradas.
Por las escaleras tristes
esclavos suben y bajan.
Embolos y muslos juegan
bajo las nubes paradas.
Alrededor de Thamar
gritan vírgenes gitanas
y otras recogen las gotas
de su flor martirizada.
Paños blancos enrojecen
en las alcobas cerradas.
Rumores de tibia aurora
pámpanos y peces cambian.
Violador enfurecido,
Amnón huye con su jaca.
Negros le dirigen flechas
en los muros y atalayas.
Y cuando los cuatro cascos
eran cuatro resonancias,
David con unas tijeras
cortó las cuerdas del arpa.

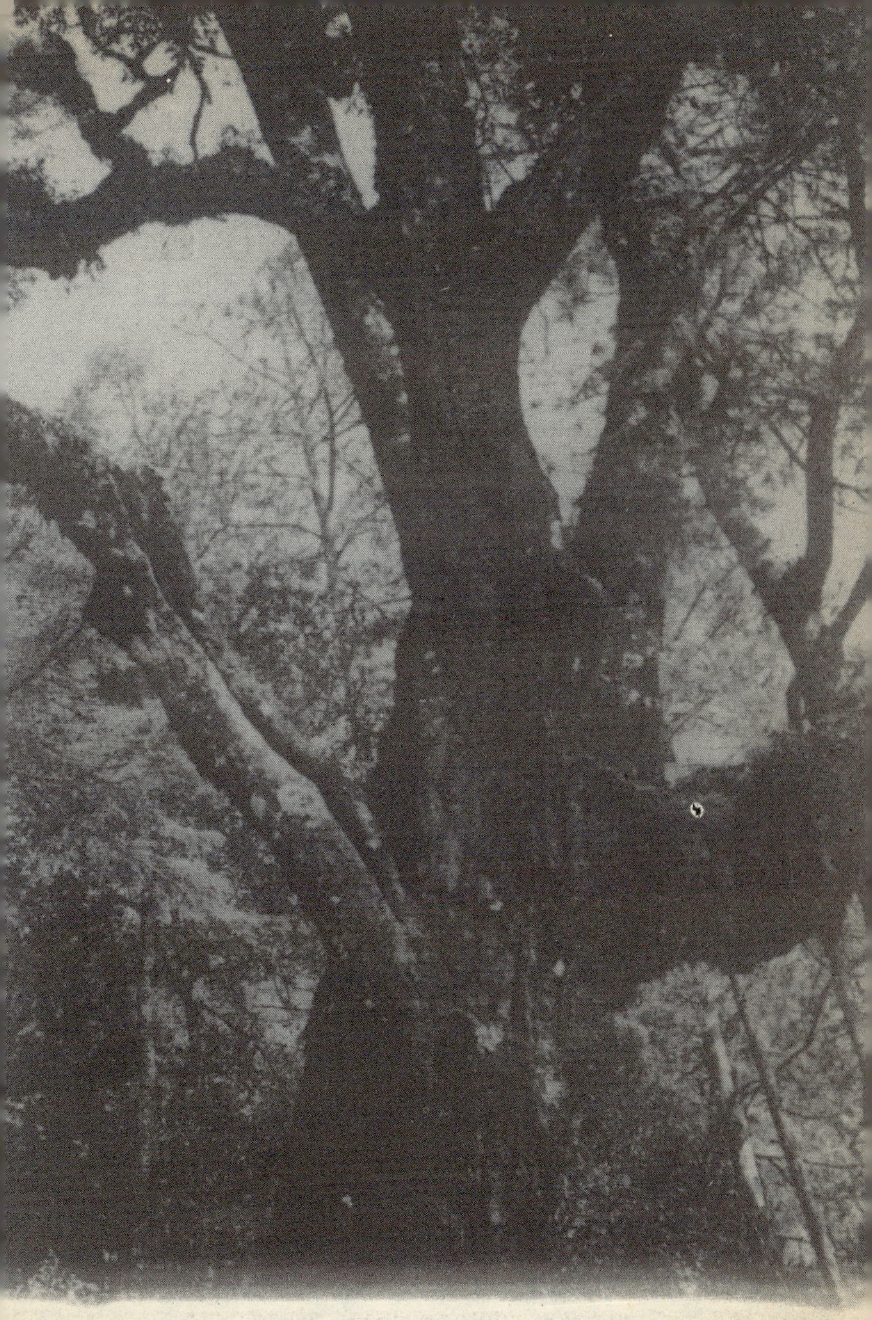

Oda a S. Dalí

Una rosa en el alto jardín que tú deseas.
Una rueda en la pura sintaxis del acero.
Desnuda la montaña de niebla impresionista.
Los grises oteando sus balaustradas últimas.

Los pintores modernos, en sus blancos estudios,
cortan la flor aséptica de la raíz cuadrada.
En las aguas del Sena un *ice-berg* de mármol
enfría las ventanas y disipa las yedras.

El hombre pisa fuerte las calles enlosadas.
Los cristales esquivan la magia del reflejo.
El Gobierno ha cerrado las tiendas de perfume.
La máquina eterniza sus compases binarios.

Una ausencia de bosques, biombos y entrecejos,
yerra por los tejados de las casas antiguas.
El aire pulimenta su prisma sobre el mar
y el horizonte sube como un gran acueducto.

Marineros que ignoran el vino y la penumbra,
decapitan sirenas en los mares de plomo.
La Noche, negra estatua de la prudencia, tiene
el espejo redondo de la luna en su mano.

Un deseo de forma y límites nos gana.
Viene el hombre que mira con el metro amarillo.
Venus es una blanca naturaleza muerta
y los coleccionistas de mariposas huyen.

Cadaqués, en el fiel del agua y la colina,
eleva escalinatas y oculta caracolas.
Las flautas de madera pacifican el aire.
Un viejo dios silvestre da frutas a los niños.

Sus pescadores duermen, sin ensueño, en la arena.
En alta mar les sirve de brújula una rosa.
El horizonte virgen de pañuelos heridos,
junta los grandes vidrios del pez y de la luna.

Una dura corona de blancos bergantines
ciñe frentes amargas y cabellos de arena.
Las sirenas convencen, pero no sugestionan,
y salen si mostramos un vaso de agua dulce.

¡Oh, Salvador Dalí de voz aceitunada!
No elogio tu imperfecto pincel adolescente
ni tu color que ronda la color de tu tiempo,
pero alabo tus ansias de eterno limitado.

Alma higiénica, vives sobre mármoles nuevos.
Huyes la oscura selva de formas increíbles.
Tu fantasía llega donde llegan tus manos,
y gozas el soneto del mar en tu ventana.

El mundo tiene sordas penumbras y desorden,
en los primeros términos que el humano frecuenta.
Pero ya las estrellas, ocultando paisajes,
señalan el esquema perfecto de sus órbitas.

La corriente del tiempo se remansa y ordena
en las formas numéricas de un siglo y otro siglo.
Y la Muerte vencida se refugia temblando
en el círculo estrecho del minuto presente.

Al coger tu paleta, con un tiro en un ala,
pides la luz que anima la copa del olvido.
Ancha luz de Minerva, constructora de andamios,
donde no cabe el sueño ni su flora inexacta.

Pides la luz antigua que se queda en la frente,
sin bajar a la boca ni al corazón del hombre.
Luz que temen las vides entrañables de Baco
y la fuerza sin orden que lleva el agua curva.

Haces bien en poner banderines de aviso,
en el límite oscuro que relumbra de noche.
Como pintor no quieres que te ablande la forma
el algodón cambiante de una nube imprevista.

El pez en la pecera y el pájaro en la jaula.
No quieres inventarlos en el mar o en el viento.
Estilizas o copias después de haber mirado
con honestas pupilas sus cuerpecillos ágiles.

Amas una materia definida y exacta
donde el hongo no pueda poner su campamento.
Amas la arquitectura que construye en lo ausente
y admites la bandera como una simple broma.

Dice el compás de acero su corto verso elástico.
Desconocidas islas desmiente ya la esfera.
Dice la línea recta su vertical esfuerzo
y los sabios cristales cantan sus geometrías.

Pero también la rosa del jardín donde vives.
¡Siempre la rosa, siempre, norte y sur de nosotros!
Tranquila y concentrada como una estatua ciega,
ignorante de esfuerzos soterrados que causa.

Rosa pura que limpia de artificios y croquis
y nos abre las alas ténues de la sonrisa.
(Mariposa clavada que medita su vuelo).
Rosa del equilibrio sin dolores buscados.
¡Siempre la rosa!

¡Oh, Salvador Dalí de voz aceitunada!
Digo lo que me dicen tu persona y tus cuadros.
No alabo tu imperfecto pincel adolescente,
pero canto la firme dirección de tus flechas.

Canto tu bello esfuerzo de luces catalanas,
tu amor a lo que tiene explicación posible.
Canto tu corazón astronómico y tierno,
de baraja francesa y sin ninguna herida.

Canto el ansia de estatua que persigues sin tregua,
el miedo a la emoción que te aguarda en la calle.
Canto la sirenita de la mar que te canta
montada en bicicleta de corales y conchas.

Pero, ante todo, canto un común pensamiento
que nos une en las horas oscuras y doradas.
No es el Arte la luz que nos ciega los ojos.
Es primero el amor, la amistad o la esgrima.

Es primero que el cuadro que paciente dibujas
el seno de Teresa, la de cutis insomne,
el apretado bucle de Matilde, la ingrata.
nuestra amistad pintada como un juego de ocas.

Huellas dactilográficas de sangre sobre el oro
rayen el corazón de Cataluña eterna.
Estrellas como puños sin halcón te relumbren,
mientras que tu pintura y tu vida florecen.

No mires la clepsidra con alas membranosas,
ni la dura guadaña de las alegorías.
Viste y desnuda siempre tu pincel en el aire,
frente a la mar poblada de barcos y marinos.

Poeta en Nueva York

POEMA DE LA SOLEDAD EN COLUMBIA UNIVERSITY

TU INFANCIA EN MENTON

> *Sí, tu niñez ya fábula de fuentes.*
> JORGE GUILLÉN.

Sí, tu niñez ya fábula de fuentes.
El tren y la mujer que llena el cielo.
Tu soledad esquiva en los hoteles
y tu máscara pura de otro signo.
Es la niñez del mar y tu silencio
donde los sabios vidrios se quebraban.
Es tu yerta ignorancia donde estuvo
mi torso limitado por el fuego.
Norma de amor te di, hombre de Apolo,
llanto con ruiseñor enajenado,
pero, pasto de ruina, te afilabas
para los breves sueños indecisos.
Pensamiento de enfrente, luz de ayer,
índices y señales del acaso.
Tu cintura de arena sin sosiego
atiende sólo rastros que no escalan.
Pero yo he de buscar por los rincones
tu alma tibia sin ti que no te entiende,

con el dolor de Apolo detenido
con que he roto la máscara que llevas.
Allí, león, allí, furia del cielo,
te dejaré pacer en mis mejillas;
allí, caballo azul de mi locura,
pulso de nebulosa y minutero,
he de buscar las piedras de alacranes
y los vestidos de tu madre niña,
llanto de media noche y paño roto
que quitó luna de la sien del muerto.
Sí, tu niñez ya fábula de fuentes.
Alma extraña de mi hueco de venas,
te he de buscar pequeña y sin raíces.
¡Amor de siempre, amor, amor de nunca!
¡Oh, sí! Yo quiero. ¡Amor, amor! Dejadme.
No me tapen la boca los que buscan
espigas de Saturno por la nieve
o castran animales por un cielo,
clínica y selva de la anatomía.
Amor, amor, amor. Niñez del mar.
Tu alma tibia sin ti que no te entiende.
Amor, amor, un vuelo de la corza
por el pecho sin fin de la blancura.
Y tu niñez, amor, y tu niñez.
El tren y la mujer que llena el cielo.
Ni tú, ni yo, ni el aire, ni las hojas.
Sí, tu niñez ya fábula de fuentes.

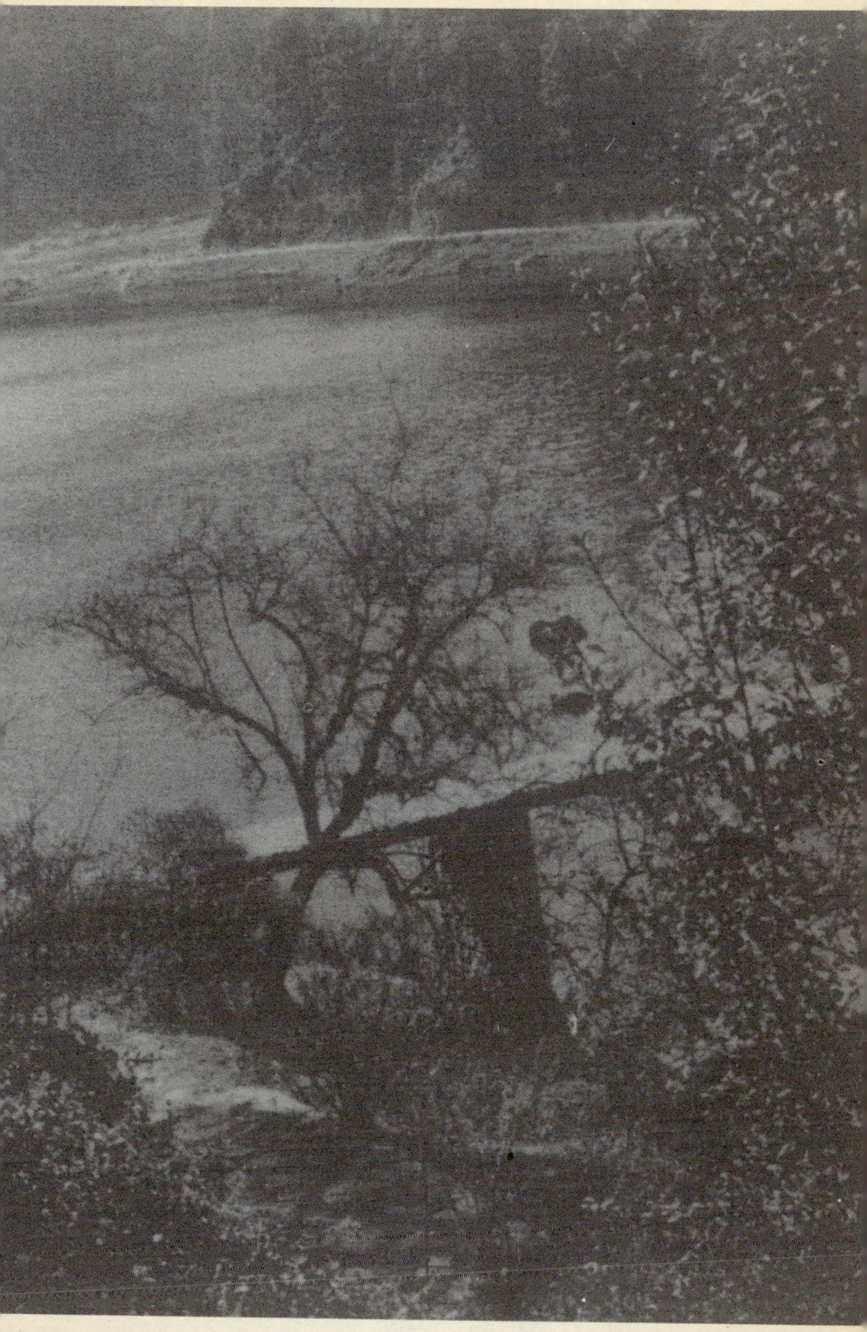

LOS NEGROS

EL REY DE HARLEM

Con una cuchara
arrancaba los ojos a los cocodrilos
y golpeaba el trasero de los monos.
Con una cuchara.

Fuego de siempre dormía en los pedernales
y los escarabajos borrachos de anís
olvidaban el musgo de las aldeas.

Aquel viejo cubierto de setas
iba al sitio donde lloraban los negros
mientras crujía la cuchara del rey
y llegaban los tanques de agua podrida.

Las rosas huían por los filos
de las últimas curvas del aire
y en los montones de azafrán
los niños machacaban pequeñas ardillas
con un rubor de frenesí manchado.

Es preciso cruzar los puentes
y llegar al rubor negro
para que el perfume de pulmón
nos golpee las sienes con su vestido
de caliente piña.

Es preciso matar al rubio vendedor de aguardiente,
a todos los amigos de la manzana y de la arena,

y es necesario dar con los puños cerrados
a las pequeñas judías que tiemblan llenas de
                                                                       burbujas,
para que el rey de Harlem cante con su
                                                                      muchedumbre,
para que los cocodrilos duerman en largas filas
bajo el amianto de la luna,
y para que nadie dude de la infinita belleza
de los plumeros, los ralladores, los cobres y las
                                                              cacerolas de las cocinas.

¡Ay, Harlem! ¡Ay, Harlem! ¡Ay, Harlem!
No hay angustia comparable a tus rojos oprimidos,
a tu sangre estremecida dentro del eclipse oscuro,
a tu violencia granate sordomuda en la penumbra,
a tu gran rey prisionero, con un traje de conserje.
Tenía la noche una hendidura y quietas
                                                 salamandras de marfil.
Las muchachas americanas
llevaban niños y monedas en el vientre
y los muchachos se desmayaban en la cruz del
                                                               desperezo.

Ellos son.
Ellos son los que beben el whisky de plata junto a
                                                                     los volcanes
y tragan pedacitos de corazón por las heladas
                                                             montañas del oso.

Aquella noche el rey de Harlem con una durísima
                                                                         cuchara
arrancaba los ojos a los cocodrilos
y golpeaba el trasero de los monos.
Con una cuchara.

Los negros lloraban confundidos
entre paraguas y soles de oro,
los mulatos estiraban gomas, ansiosos de llegar al
                                          torso blanco,
y el viento empañaba espejos
y quebraba las venas de los bailarines.

Negros, Negros, Negros, Negros.

La sangre no tiene puertas en vuestra noche boca
                                            [arriba.
No hay rubor. Sangre furiosa por debajo de las
                                            [pieles,
viva en la espina del puñal y en el pecho de los
                                            [paisajes,
bajo las pinzas y las retamas de la celeste luna de
                                            [cáncer.

Sangre que busca por mil caminos muertes
                        [enharinadas y ceniza de nardo,
cielos yertos, en declive, donde las colonias de
                                              [planetas
rueden por las playas con los objetos abandonados.

Sangre que mira lenta con el rabo del ojo,
hecha de espartos exprimidos, néctares de
                                            [subterráneos.
Sangre que oxida el alisio descuidado de una huella
y disuelve a las mariposas en los cristales de la
                                            [ventana.

Es la sangre que viene, que vendrá
por los tejados y azoteas, por todas partes,
para quemar la clorofila de las mujeres rubias,

para gemir al pie de las camas ante el insomnio de
[los lavabos
y estrellarse en una aurora de tabaco y bajo
[amarillo.

Hay que huir,
huir por las esquinas y encerrarse en los últimos
[pisos,
porque el tuétano del bosque penetrará por las
[rendijas
para dejar en vuestra carne una leve huella de
[eclipse
y una falsa tristeza de guante desteñido y rosa
[química.

Es por el silencio sapientísimo
cuando los camareros y los cocineros y los que
[limpian con la lengua
las heridas de los millonarios
buscan al rey por las calles o en los ángulos del
[salitre.

Un viento sur de madera, oblícuo en el negro
[fango,
escupe a las barcas rotas y se clava puntillas en los
[hombros;
un viento sur que lleva
colmillos, girasoles, alfabetos
y una pila de Volta con avispas ahogadas.

El olvido estaba expresado por tres gotas de tinta
[sobre el monóculo

el amor por un solo rostro invisible a flor de piedra,
Médulas y corolas componían sobre las nubes
un desierto de tallos sin una sola rosa.

A la izquierda, a la derecha, por el sur y por el
[norte,
se levanta el muro impasible
para el topo, la aguja del agua.
No busquéis, negros, su grieta
para hallar la máscara infinita.
Buscad el gran sol del centro
hechos una piña zumbadora.

El sol que se desliza por los bosques
seguro de no encontrar una ninfa,
el sol que destruye números y no ha cruzado nunca
[un sueño,
el tatuado sol que baja por el río
y muge seguido de caimanes.

Negros, Negros, Negros, Negros.

Jamás sierpe, ni cebra, ni mula
palidecieron al morir.
El leñador no sabe cuándo expiran
los clamorosos árboles que corta.
Aguardad bajo la sombra vegetal de vuestro rey
a que cicutas y cardos y ortigas turben postreras
[azoteas.

Entonces, negros, entonces, entonces,
podréis besar con frenesí las ruedas de las bicicletas.

poner parejas de microscopios en las cuevas de las
[ardillas
y danzar al fin, sin duda, mientras las flores erizadas
asesinan a nuestro Moisés casi en los juncos del
[cielo.

¡Ay, Harlem, disfrazada!
¡Ay, Harlem, amenazada por un gentío de trajes
[sin cabeza!
Me llega tu rumor,
me llega tu rumor atravesando troncos y ascensores,
a través de láminas grises
donde flotan tus automóviles cubiertos de dientes,
a través de los caballos muertos y los crímenes
[diminutos,
a través de tu gran rey desesperado
cuyas barbas llegan al mar.

CALLES Y SUEÑOS

Un pájaro de papel en el pecho
dice que el tiempo de los besos no ha llegado.

Vicente Aleixandre.

DANZA DE LA MUERTE

El *Mascarón. ¡Mirad el mascarón!*
¡Cómo viene del Africa a New York!

Se fueron los árboles de la pimienta,
los pequeños botones de fósforo.
Se fueron los camellos de carne desgarrada
y los valles de luz que el cisne levantaba con el pico.

Era el momento de las cosas secas,
de la espiga en el ojo y el gato laminado,
del óxido de hierro de los grandes puentes
y el definitivo silencio del corcho.

Era la gran reunión de los animales muertos,
traspasados por las espadas de la luz;
la alegría eterna del hipopótamo con las pezuñas
[de ceniza
y de la gacela con una siempreviva en la garganta.

En la marchita soledad sin honda
el abollado mascarón danzaba.
Medio lado del mundo era de arena,
mercurio y sol dormido el otro medio.

El mascarón. ¡Mirad el mascarón!
¡Arena, caimán y miedo sobre Nueva York!

Desfiladeros de cal aprisionaban un cielo vacío
donde sonaban las voces de los que mueren bajo el
[guano.
Un cielo mondado y puro, idéntico a sí mismo,
con el bozo y lirio agudo de sus montañas invisibles,

acabó con los más leves tallitos del canto
y se fue al diluvio empaquetado de la savia,
a través del descanso de los últimos desfiles,
levantando con el rabo pedazos de espejo.

Cuando el chino lloraba en el tejado
sin encontrar el desnudo de su mujer
y el director del banco observaba el manómetro

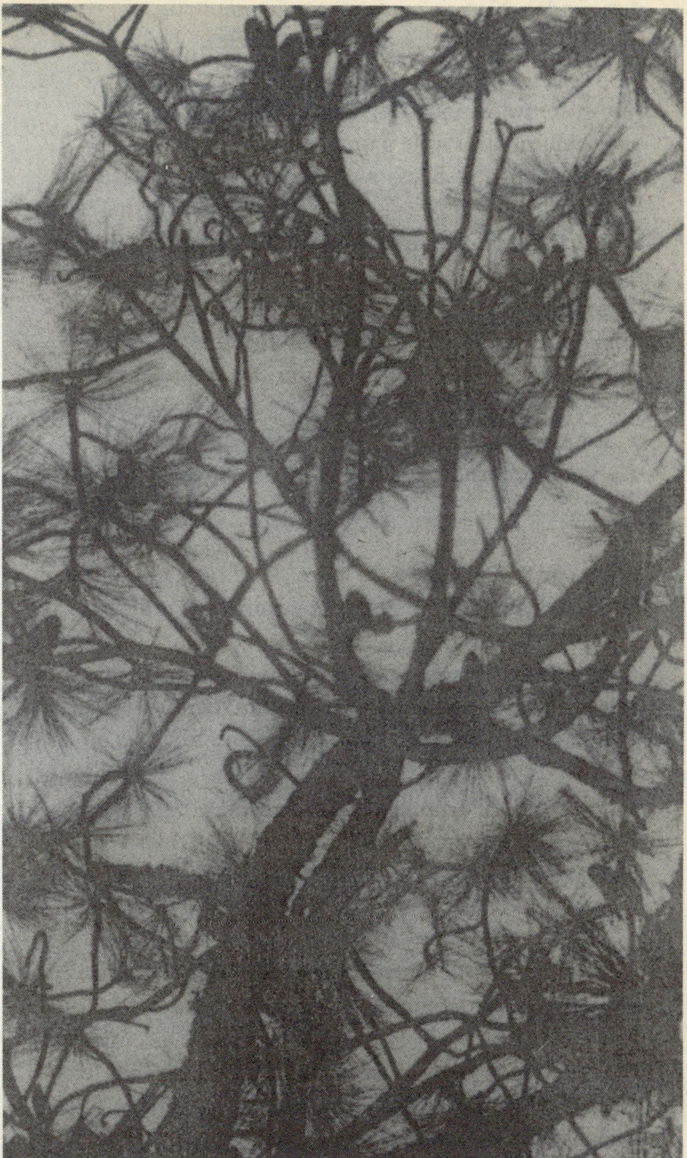

que mide el cruel silencio de la moneda,
el mascarón llegaba al Wall Street.

No es extraño para la danza
este columbario que pone los ojos amarillos.
De la esfinge a la caja de caudales hay un hilo
                                  [tenso
que atraviesa el corazón de todos los niños pobres.
El ímpetu primitivo baila con el ímpetu mecánico,
ignorantes en su frenesí de la luz original.
Porque si la rueda olvida su fórmula,
ya puede cantar desnuda con las manadas de
                                    [caballos;
y si una llama quema los helados proyectos,
el cielo tendrá que huir ante el tumulto de las
                                    [ventanas.

No es extraño este sitio para la danza, yo lo digo.
El mascarón bailará entre columnas de sangre y de
                                    [números,
entre huracanes de oro y gemidos de obreros parados
que aullarán, noche oscura, por tu tiempo sin luces,
¡oh salvaje Norteamérica! ¡oh impúdica! ¡oh,
                                    [salvaje,
tendida en la frontera de la nieve!
El mascarón. ¡Mirad el mascarón!
¡Qué ola de fango y luciérnaga sobre Nueva York!

Yo estaba en la terraza luchando con la luna.
Enjambres de ventanas acribillaban un muslo de la
                                    [noche.
En mis ojos bebían las dulces vacas de los cielos.
Y las brisas de largos remos
golpeaban los cenicientos cristales de Broadway.

La gota de sangre buscaba la luz de la yema del
[astro
para fingir una muerta semilla de manzana.
El aire de la llanura, empujado por los pastores,
temblaba con un miedo de molusco sin concha.

Pero no son los muertos los que bailan,
estoy seguro.
Los muertos está embebidos, devorando sus propias
[manos.
Son los otros los que bailan con el mascarón y su
[vihuela;
son los otros, los borrachos de plata, los hombres
[fríos,
los que crecen en el cruce de los muslos y llamas
[duras,
los que buscan la lombriz en el paisaje de las
[escaleras,
los que beben en el banco lágrimas de niña muerta
o los que comen por las esquinas diminutas
[pirámides del alba.

¡Que no baile el Papa!
¡No, que no baile el Papa!
Ni el Rey,
ni el millonario de dientes azules,
ni las bailarinas secas de las catedrales,
ni constructores, ni esmeraldas, ni locos, ni
[sodomitas.
Sólo este mascarón,
este mascarón de vieja escarlatina,
¡sólo este mascarón!

Que ya las cobras silbarán por los últimos pisos.
que ya las ortigas estremecerán patios y terrazas,

que ya la Bolsa será una pirámide de musgo,
que ya vendrán lianas después de los fusiles
y muy pronto, muy pronto, muy pronto.
¡Ay, Wall Street!

El mascarón. ¡Mirad el mascarón!
¡Cómo escupe veneno de bosque
por la angustia imperfecta de Nueva York!

Diciembre 1929.

CIUDAD SIN SUEÑO

(Nocturno del Brooklyng Bridge)

No duerme nadie por el cielo. Nadie, nadie.
No duerme nadie.
Las criaturas de la luna huelen y rondan sus
[cabañas.
Vendrán las iguanas vivas a morder a los hombres
[que no sueñan
y el que huye con el corazón roto encontrará por
[las esquinas
al increíble cocodrilo quieto bajo la tierna protesta
[de los astros.

No duerme nadie por el mundo. Nadie, nadie.
No duerme nadie.
Hay un muerto en el cementerio más lejano
que se queja tres años
porque tiene un paisaje seco en la rodilla;
y el niño que enterraron esta mañana lloraba tanto
que hubo necesidad de llamar a los perros para que
[callase.

No es sueño la vida. ¡Alerta! ¡Alerta! ¡Alerta!
Nos caemos por las escaleras para comer la tierra
[húmeda
o subimos al filo de la nieve con el coro de las
[dalias muertas.
Pero no hay olvido, ni sueño:
carne viva. Los besos atan las bocas
en una maraña de venas recientes
y al que le duele su dolor le dolerá sin descanso
y al que teme la muerte la llevará sobre sus
[hombros.

Un día
los caballos vivirán en las tabernas
y las hormigas furiosas
atacarán los cielos amarillos que se refugian en los
[ojos de las vacas.

Otro día
veremos la resurrección de las mariposas disecadas
y aún andando por un paisaje de esponjas grises y
[barcos mudos
veremos brillar nuestro anillo y manar rosas de
[nuestra lengua.
¡Alerta! ¡Alerta! ¡Alerta!
A los que guardan todavía huellas de zarpa y
[aguacero,
a aquel muchacho que llora porque no sabe la
[invención del puente
o a aquel muerto que ya no tiene más que la
[cabeza y un zapato,
hay que llevarlos al muro donde iguanas y sierpes
[esperan,
donde espera la dentadura del oso,
donde espera la mano momificada del niño

y la piel del camello se eriza con un violento
                                 [escalofrío azul.

No duerme nadie por el cielo. Nadie, nadie.
No duerme nadie.
Pero si alguien cierra los ojos,
¡azotadlo, hijos míos, azotadlo!

Haya un panorama de ojos abiertos
y amargas llagas encendidas.
No duerme nadie por el mundo. Nadie nadie.
Ya lo he dicho.
No duerme nadie.
Pero si alguien tiene por la noche exceso de musgo
                                 [en las sienes,
abrid los escotillones para que vea bajo la luna
las copas falsas, el veneno y la calavera de los
                                 [teatros.

INTRODUCCION A LA MUERTE

Poemas de la Soledad en Vermont

MUERTE

¡QUÉ *esfuerzo!*
¡Qué esfuerzo del caballo por ser perro!
¡Qué esfuerzo del perro por ser golondrina!
¡Qué esfuerzo de la golondrina por ser abeja!
¡Qué esfuerzo de la abeja por ser caballo!
Y el caballo,
¡qué flecha aguda exprime de la rosa!,

¡qué rosa gris levanta de su belfo!
Y la rosa,
¡qué rebaño de luces y alaridos
ata en el vivo azúcar de su tronco!
Y el azúcar,
¡qué puñalitos sueña en su vigilia!
Y los puñales diminutos,
¡qué luna sin establos!, ¡qué desnudos,
piel eterna y rubor, andan buscando!
Y yo, por los aleros,
¡qué serafín de llamas busco y soy!
Pero el arco de yeso,
¡qué grande, qué invisible, qué diminuto,
sin esfuerzo!

PAISAJE CON DOS TUMBAS Y UN
PERRO ASIRIO

AMIGO,
levántate para que oigas aullar
al perro asirio.
Las tres ninfas del cáncer han estado bailando,
hijo mío.
Trajeron unas montañas de lacre rojo
y unas sábanas duras donde estaba el cáncer
[dormido.
El caballo tenía un ojo en el cuello
y la luna estaba en un cielo tan frío
que tuvo que desgarrarse su monte de Venus
y ahogar en sangre y ceniza los cementerios antiguos.

Amigo,
despierta, que los montes todavía no respiran

y las hierbas de mi corazón están en otro sitio.
No importa que estés lleno de agua de mar.

Yo amé mucho tiempo a un niño
que tenía una plumilla en la lengua
y vivimos cien años dentro de un cuchillo.

Despierta. Calla. Escucha. Incorpórate un poco.
El aullido
es una larga lengua morada que deja
hormigas de espanto y licor de lirios.
Ya vienen hacia la roca. ¡No alargues tus raíces!
Se acerca. Gime. No solloces en sueños, amigo.

¡Amigo!
Levántate para que oigas aullar
al perro asirio.

VUELTA A LA CIUDAD

NEW YORK
Oficina y Denuncia

DEBAJO de las multiplicaciones
hay una gota de sangre de pato.
Debajo de las divisiones
hay una gota de sangre de marinero.
Debajo de las sumas, un río de sangre tierna;
un río que viene cantando
por los dormitorios de los arrabales,
y es plata, cemento o brisa
en el alba mentida de New York.
Existen las montañas, lo sé.

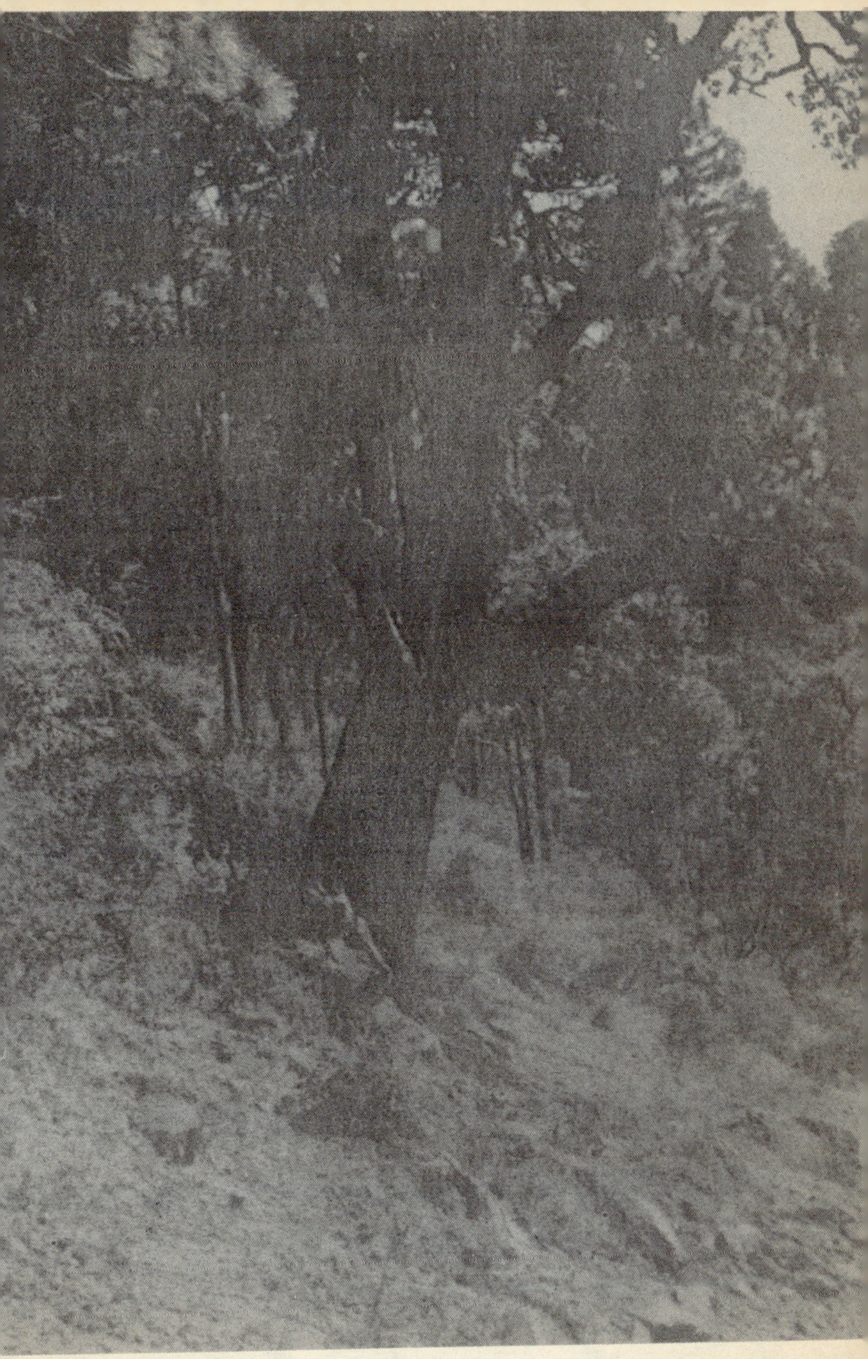

Y los anteojos para la sabiduría,
lo sé. Pero yo no he venido a ver el cielo.
He venido para ver la turbia sangre,
la sangre que lleva las máquinas a las cataratas
y el espíritu a la lengua de la cobra.
Todos los días se matan en Nueva York
cuatro millones de patos,
cinco millones de cerdos,
dos mil palomas para el gusto de los agonizantes,
un millón de vacas,
un millón de corderos
y dos millones de gallos
que dejan los cielos hechos añicos.
Más vale sollozar afilando la navaja
o asesinar a los perros en las alucinantes cacerías
que resistir en la madrugada
los interminables trenes de leche,
los interminables trenes de sangre.
y los trenes de rosas maniatadas
por los comerciantes de perfumes.
Los patos y las palomas
y los cerdos y los corderos
ponen sus gotas de sangre
debajo de las multiplicaciones;
y los terribles alaridos de las vacas estrujadas
llenan de dolor el valle
donde el Hudson se emborracha con aceite.
Yo denuncio a toda la gente
que ignora la otra mitad,
la mitad irredimible
que levanta sus montes de cemento
donde laten los corazones
de los animalitos que se olvidan
y donde caeremos todos
en la última fiesta de los taladros.

Os escupo en la cara.
La otra mitad me escucha
devorando, cantando, volando en su pureza
como los niños en las porterías
que llevan frágiles palitos
a los huecos donde se oxidan
las antenas de los insectos.

No es el infierno, es la calle.
No es la muerte, es la tienda de frutas.
Hay un mundo de ríos quebrados y distancias
[inasibles
en la patita de ese gato quebrada por el automóvil,
y yo oigo el canto de la lombriz
en el corazón de muchas niñas.
Oxido, fermento, tierra estremecida.
Tierra tú mismo que nadas por los números de la
[oficina.
¿Qué voy a hacer, ordenar los paisajes?
¿Ordenar los amores que luego son fotografías,
que luego son pedazos de madera y bocanadas de
[sangre?
No, no; yo denuncio,
yo denuncio la conjura
de estas desiertas oficinas
que no radian las agonías,
que borran los programas de la selva,
y me ofrezco a ser comido por las vacas estrujadas
cuando sus gritos llenan el valle
donde el Hudson se emborracha con aceite.

ODA A WALT WHITMAN

Por el East River y el Bronx
los muchachos cantaban enseñando sus cinturas,
con la rueda, el aceite, el cuero y el martillo.
Noventa mil mineros sacaban la plata de las rocas
y los niños dibujaban escaleras y perspectivas.

Pero ninguno se dormía,
ninguno quería ser el río,
ninguno amaba las hojas grandes,
ninguno la lengua azul de la playa.

Por el East River y el Queensborough
los muchachos luchaban con la industria,
y los judíos vendían al fauno del río
la rosa de la circuncisión
y el cielo desembocaba por los puentes y los tejados
manadas de bisontes empujadas por el viento.

Pero ninguno se detenía,
ninguno quería ser nube,
ninguno buscaba los helechos
ni la rueda amarilla del tamboril.

Cuando la luna salga
las poleas rodarán para turbar el cielo;
un límite de agujas cercará la memoria
y los ataúdes se llevarán a los que no trabajan.
Nueva York de cieno,
Nueva York de alambres y de muerte.

¿Qué ángel llevas oculto en la mejilla?
¿Qué voz perfecta dirá las verdades del trigo?
¿Quién el sueño terrible de tus anémonas
                        [manchadas?

Ni un solo momento, viejo hermoso Walt Withman,
he dejado de ver tu barba llena de mariposas,
ni tus hombros de pana gastados por la luna,
ni tus muslos de Apolo virginal,
ni tu voz como una columna de ceniza;
anciano hermoso como la niebla
que gemías igual que un pájaro
con el sexo atravesado por una aguja,
enemigo del sátiro,
enemigo de la vid
y amante de los cuerpos bajo la burda tela.
Ni un sólo momento, hermosura viril
que en montes de carbón, anuncios y ferrocarriles,
soñabas ser un río y dormir como un río
con aquel camarada que pondría en tu pecho
un pequeño dolor de ignorante leopardo.

Ni un solo momento, Adán de sangre, macho.
hombre solo en el mar, viejo hermoso Walt
                              Whitman,
porque por las azoteas,
agrupados en los bares,
saliendo en racimos de las alcantarillas,
temblando entre las piernas de los chauffeurs
o girando en las plataformas del ajenjo,
los maricas, Walt Withman, te soñaban.
¡También ese! ¡También! Y se despeñan
sobre tu barba luminosa y casta,
rubios del norte, negros de la arena,
muchedumbres de gritos y ademanes,

como gatos y como las serpientes,
los maricas, Walt Withman, los maricas
turbios de lágrimas, carne para fusta,
bota o mordisco de los domadores.

¡También ese! ¡También! Dedos teñidos
apuntan a la orilla de tu sueño
cuando el amigo come tu manzana
con un leve sabor de gasolina
y el sol canta por los ombligos
de los muchachos que juegan bajo los puentes.
Pero tú no buscabas los ojos arañados,
ni el pantano oscurísimo donde sumergen a los
                                           [niños,
ni la saliva helada,
ni las curvas heridas como panza de sapo
que llevan los maricas en coches y terrazas
mientras la luna los azota por las esquinas del terror.

Tú buscabas un desnudo que fuera como un río,
toro y sueño que junte la rueda con el alga,
padre de tu agonía, camelia de tu muerte,
y gimiera en las llamas de tu ecuador oculto.

Porque es justo que el hombre no busque su deleite
en la selva de sangre de la mañana próxima.
El cielo tiene playas donde evitar la vida
y hay cuerpos que no deben repetirse en la aurora.
Agonía, agonía, sueño, fermento y sueño.
Este es el mundo, amigo, agonía, agonía.

Los muertos se descomponen bajo el reloj de las
                                           [ciudades,
la guerra pasa llorando con un millón de ratas grises,
los ricos dan a sus queridas

pequeños moribundos iluminados,
y la vida no es noble, ni buena, ni sagrada.
Puede el hombre, si quiere, conducir su deseo
por vena de coral o celeste desnudo.
Mañana los amores serán rocas y el Tiempo
una brisa que viene dormida por las ramas.

Por eso no levanto mi voz, viejo Walt Whitman,
contra el niño que escribe
nombre de niña en su almohada,
ni contra el muchacho que se viste de novia
en la oscuridad del ropero,
ni contra los solitarios de los casinos
que beben con asco el agua de la prostitución,
ni contra los hombres de mirada verde
que aman al hombre y queman sus labios en
[silencio.
Pero sí contra vosotros, maricas de las ciudades,
de carne tumefacta y pensamiento inmundo,
madres de lodo, arpías, enemigos sin sueño
del Amor que reparte coronas de alegría.

Contra vosotros siempre, que dais a los muchachos
gotas de sucia muerte con amargo veneno.
Contra vosotros siempre,
Faeries de Norteamérica,
Pájaros de La Habana,
Jotos de México,
Sarasas de Cádiz,
Apios de Sevilla,
Cancos de Madrid,
Floras de Alicante,
Adelaidas de Portugal.

¡Maricas de todo el mundo, asesinos de palomas!
Esclavos de la mujer, perras de sus tocadores,
abiertos en las plazas con fiebre de abanico
o emboscados en yertos paisajes de cicuta.

¡No haya cuartel! La muerte
mana de vuestros ojos
y agrupa flores grises en la orilla del cieno.
¡No haya cuartel! ¡Alerta!
Que los confundidos, los puros,
los clásicos, los señalados, los suplicantes
os cierren las puertas de la bacanal.

Y tú, bello Walt Whitman, duerme a orillas del
[Hudson
con la barba hacia el polo y las manos abiertas,
Arcilla blanda o nieve, tu lengua está llamando
camaradas que velen tu gacela sin cuerpo.

Duerme, no queda nada.
Una danza de muros agita las praderas
y América se anega de máquinas y llanto.
Quiero que el aire fuerte de la noche más honda
quite flores y letras del arco donde duermes
y un niño negro anuncie a los blancos del oro
la llegada del reino de la espiga.

HUIDA DE NUEVA YORK
Un Vals Hacia la Civilización

VALS EN LAS RAMAS

Cayó una hoja
y dos

y tres.
Por la luna nadaba un pez.
El agua duerme una hora
y el mar blanco duerme cien.
La dama
estaba muerta en la rama.
La monja
cantaba dentro de la toronja.
La niña
iba por el pino a la piña.
Y el pino
buscaba la plumilla del trino.
Pero el ruiseñor
lloraba sus heridas alrededor.

Y yo también
porque cayó una hoja
y dos
y tres.
Y una cabeza de cristal
y un violín de papel
y la nieve podría con el mundo
una a una
dos a dos
y tres a tres.
¡Oh, duro marfil de carnes invisibles!
¡Oh, golfo sin hormigas del amanecer!
Con el numen de las ramas,
con el ay de las damas,
con el croo de la ranas,
y el geo amarillo de la miel.
Llegará un torso de sombra
coronado de laurel.
Será el cielo para el viento
duro como una pared

y las ramas desgajadas
se irán bailando con él.
Una a una
alrededor de la luna,
dos a dos
alrededor del sol,
y tres a tres
para que los marfiles se duerman bien.

EL POETA LLEGA A LA HABANA

SON DE NEGROS EN CUBA

Cuando llegue la luna llena iré a Santiago de Cuba,

iré a Santiago,
en un coche de agua negra.
Iré a Santiago.
Cantarán los techos de palmera.
Iré a Santiago.
Cuando la palma quiere ser cigüeña,
iré a Santiago.
Y cuando quiere ser medusa el plátano,
iré a Santiago.
Iré a Santiago
con la rubia cabeza de Fonseca.
Iré a Santiago.
Y con la rosa de Romeo y Julieta
iré a Santiago.
¡Oh Cuba! ¡Oh ritmo de semillas secas!
Iré a Santiago.
¡Oh cintura caliente y gota de madera!
Iré a Santiago.

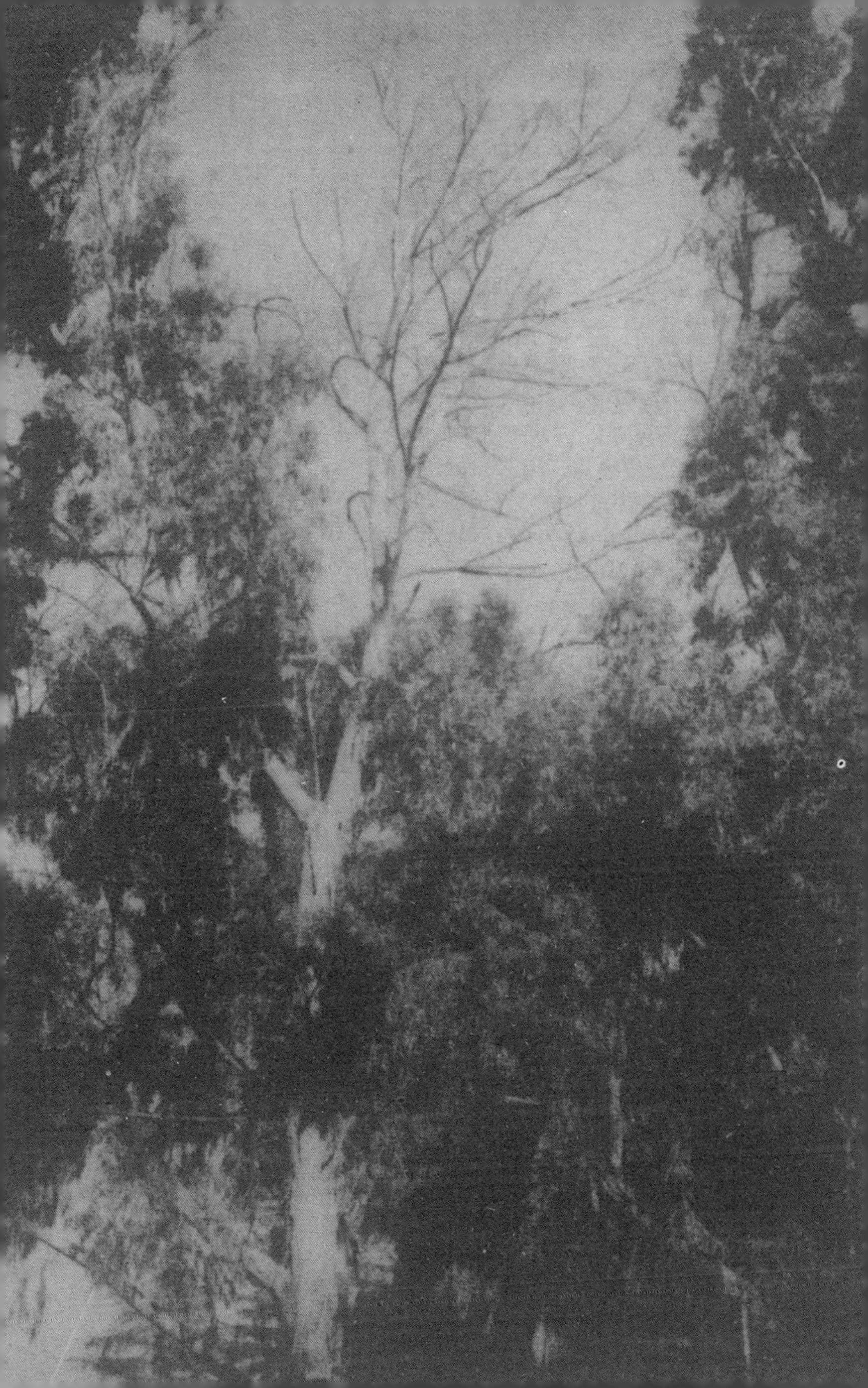

Arpa de troncos vivos. Caimán. Flor de tabaco.
Iré a Santiago.
Siempre he dicho que yo iría a Santiago
en un coche de agua negra.
Iré a Santiago.
Brisa y alcohol en las ruedas,
iré a Santiago.
Mi coral en la tiniebla,
iré a Santiago.
El mar ahogado en la arena,
iré a Santiago,
calor blanco, fruta muerta,
iré a Santiago.
¡Oh bovino frescor de cañaveras!
¡Oh Cuba! ¡Oh curva de suspiro y barro!
Iré a Santiago.

VELETA

Viento del Sur.
Moreno, ardiente,
Llegas sobre mi carne,
Trayéndome semilla
De brillantes
Miradas, empapado
De azahares.

Pones roja la luna
Y sollozantes
Los álamos cautivos, pero vienes
¡Demasiado tarde!
¡Ya he enrollado la noche de mi cuento
En el estante!

Sin ningún viento.
¡Hazme caso!
Gira, corazón;
Gira, corazón.

Aire del Norte,
¡Oso blanco del viento!
Llegas sobre mi carne
Tembloroso de auroras
Boreales,
Con tu capa de espectros
Capitanes,
Y riyéndote a gritos
Del Dante.
¡Oh pulidor de estrellas!
Pero vienes
Demasiado tarde.
Mi almario está musgoso
y he perdido la llave.

Sin ningún viento,
¡Hazme caso!
Gira, corazón;
Gira, corazón.

Brisas, gnomos y vientos
De ninguna parte.
Mosquitos de la rosa
De pétalos pirámides.
Alisios destetados
Entre los rudos árboles,

Flautas en la tormenta,
¡Dejadme!
Tiene recias cadenas
Mi recuerdo,
Y está cautiva el ave

Que dibuja con trinos
La tarde.

Las cosas que se van no vuelven nunca.
Todo el mundo lo sabe,
Y entre el claro gentío de los vientos
Es inútil quejarse.
¿Verdad, chopo maestro de la brisa?
¡Es inútil quejarse!

Sin ningún viento,
¡Hazme caso!
Gira, corazón;
Gira, corazón.

LA BALADA DEL AGUA DEL MAR

El mar
sonríe a lo lejos.
Dientes de espuma.
Labios de cielo.

¿Qué vendes, oh joven turbia,
Con los senos al aire?

—Vendo, señor, el agua
De los mares—.

¿Qué llevas, oh negro joven,
Mezclado con tu sangre?

—Llevo, señor, el agua
De los mares—

Esas lágrimas salobres.
¿de dónde vienen, madre?
—Lloro, señor, el agua
De los mares—.

Corazón, y esta amargura
Seria, ¿de dónde nace?

—¡Amarga mucho el agua
De los mares!—.

El mar
Sonríe a lo lejos.
Dientes de espuma,
Labios de cielo.

CAZADOR

¡Alto pinar!
Cuatro palomas por el aire van.

Cuatro palomas
vuelan y tornan.
Llevan heridas
Sus cuatro sombras.

¡Bajo pinar!
Cuatro palomas en la tierra están.

Indice

Prólogo	5
Romance de la luna, luna	11
Reyerta	14
Romance sonámbulo	16
La monja gitana	19
La casada infiel	20
Romance de la pena negra	22
San Miguel	25
San Rafael	27
San Gabriel	29
Prendimiento de Antoñito el Camborio en el camino a Sevilla	32
Muerte de Antoñito Camborio	34
Muerto de amor	36
Romance del emplazado	38
Romance de la Guardia Civil Española	41
Tres romances históricos. Martirio de Santa Olalla	45
Burla de don Pedro a caballo	49
Thamar y Amnón	51
Oda a Salvador Dalí	56

Poeta en Nueva York

Poema de la soledad en Columbia University	61
((tu infancia en mentón)	61
Los negros (El rey de Harlem)	64
Calles y sueños (Danza de la muerte)	69
Ciudad sin sueño	74
Introducción a la muerte (Muerte)	76
Paisaje con dos tumbas y un perro asirio	77
Vuelta a la ciudad	78
Huida de Nueva York	86
El poeta llega a la Habana	88
Veleta	90
La balada del agua del mar	92
Cazador	93

Edición 2000 ejemplares.
Abril de 1989
Impresora Gondi, S.A. de C.V.
Guerrero 446, Sta. Clara, Edo. de México.